KB069398

Cel SONG
♥ PAST LIVES

PAST LIVES

패스트 라이브즈 각본

PAST LIVES
패스트 라이브즈 각본

발행일	2024년 3월 1일 초판 1쇄
지은이	셀린 송
펴낸이	정무영·정상준
펴낸곳	(주)을유문화사
창립일	1945년 12월 1일
주소	서울시 마포구 서교동 469-48
전화	02-733-8153
팩스	02-732-9154
홈페이지	www.eulyoo.co.kr
ISBN	978-89-324-7504-2 03680

PAST LIVES

패스트 라이브즈 각본

셀린 송 | 황석희 조은정 임지윤 옮김

한국의 독자들에게

제가 태어나고 12살까지 자랐던 한국에서 〈패스트 라이브즈〉의 시나리오가 책으로 출간되어 되어 영광이고 기쁩니다. 이 영화는 저의 첫 번째 영화이자 매우 개인적인 영화이며, 수십 년의 시간과 두 대륙을 가로지르는 우정과 사랑, 한때 어린 아이였고 지금은 어른이 된 우리에 대해 쓰고 연출한 영화입니다.

한국에서 "인연"이란 누구나 아는 말이지만, 이 세상 대부분의 사람들은 "인연"이란 단어를 모릅니다. 이 영화를 통해 많은 관객들이 "인연"을 이해하고, 받아들이고, 느끼는 모습을 보면 저는 너무 행복합니다.

우리 모두는 언제, 어딘가, 누군가와 함께 두고온 삶 — "전생" — 이 있습니다. 다중우주를 넘나드는 판타지 영화의 영웅들은 아니지만, 평범한 인생도 여러 시공간을 지나고 있기 때문에 신기한 순간들과 특별한 인연들이 있다는 얘기를 하고 싶었습니다. 이 영화를 사랑해 주셔서 감사합니다.

2024년 1월 셀린 송

일러두기

1. [ ]로 표기된 대사는 한국어 대사이며,
   표기가 없는 대사는 영어 대사다.
2. 밑줄 및 이탤릭으로 강조된 부분은
   본래 원고에서 강조된 부분이다.

INT. 뉴욕, 이스트빌리지의 스피크이지 바 – 늦은 밤

힙한 이스트빌리지 스피크이지 바 부스에 칵테일을 앞에 두고 앉아 있는 세 사람:

노라 문(30대, 한국계 캐나다계 미국인, 짧은 머리, 무채색의 캐주얼한 복장)……
정해성(30대, 한국인, 깨끗하게 면도한 얼굴에 비즈니스 캐주얼 복장)……
그리고, 아서 자투란스키(30대, 백인 유대계 미국인, 큰 키에 마른 몸, 어두운 색의 곱슬머리, 얕게 자란 수염, 어두운 단색 티셔츠).

노라와 해성이 살짝 미소 지으며 열띤 대화 중이다. 아서는 그들 옆에서 말없이 핸드폰을 스크롤한다.

그들의 대화는 관객들에겐 들리지 않는다.

소리가 제거된 이 장면은 바에서 데이트 중인 한 남자와 여자의 시점 쇼트다. 이들은 오랫동안 수많은 로맨틱 코미디 영화들에서 사랑에 빠진 주인공의 케미를 보여 주는 수단으로 사용되어 온 서로를 유혹하는 게임을 하고 있다 : 바로 사람들 관찰하기.

남자와 여자는 화면 밖에서 이 게임을 하는 중이고, 노라, 해성, 아서의 관계를 추측한다.

여자 (O.S)

저 사람들 무슨 사이 같아?

사이.

남자 (O.S)

모르겠는데.

여자 (O.S)

진짜 모르겠다.

남자 (O.S)

동양 여자랑 백인 남자가 커플이고 동양 남자는 오빠 같아.

여자 (O.S)

동양 여자랑 동양 남자가 커플이고,

백인 남자가 둘의 친구이거나.

남자 (O.S)

글쎄, 백인 남자랑 얘기도 안 하잖아.

여자 (O.S)

그럼 둘은 관광객이고, 백인 남자는 가이드?

남자 (O.S)

새벽 네 시에 같이 술 먹는데?

여자 (O.S)

하긴 그건 아니다.

남자 (O.S)

직장 동료들인가?

사이.

여자 (O.S)

진짜 모르겠다.

침묵 속에 카메라, 이 비밀스러운 세 사람을 조금 더 비춘다.

그리고, 노라가 고개를 들어 카메라를 정면으로 응시한다.

24년 전

EXT. 서울, 평촌 – 90년대 말, 낮

어린 나영(12세, 땋은 머리)이 학교에서 집으로 귀가 중이다 (나영은 노라의 어릴 때 이름이다).

펑펑 우는 나영.

그녀와 함께 걷는 어린 해성(12세, 반바지 차림). 농구공을 안고 있다. 한동안 아무 말 없이 함께 걷는 둘.

해성

[나영. 왜 울어?]

나영은 세상이 끝나기라도 한 듯 계속 운다.

해성

[2등 해서 우는거야?]

나영, 눈물로 범벅이 된 얼굴로 고개를 끄덕인다.

해성

[내가 1등 해서 화났어?]

나영

[응.]

나영의 배낭을 잡아 그녀의 걸음을 멈춰 세우는 해성.

해성

[야! 난 맨날 너땜에 2등 하는데, 안 울잖아.
처음 널 이겼는데 니가 울면 내 기분이 어떻겠냐?]

해성, 소매로 나영 얼굴에 얼룩진 눈물을 닦아 준다.

해성

[울지 마, 이 또라이야.]

농구공을 튕기며 멀어지는 해성.

나영, 울음을 그치고 멀어지는 해성을 바라본다.

INT. 서울의 가족 아파트, 아버지 작업실 – 낮

나영 엄마(35세, 그래픽 디자이너 겸 일러스트레이터), 나영 아빠(38세, 시나리오 작가 겸 영화감독)가 아버지 작업실에서 담배를 피우고 있다. 책, 비디오테이프, 프랑스 영화 포스터로 가득한 작업실에 담배 연기가 자욱하다.

벽에서 포스터를 뜯어내고 책을 상자에 넣는 아빠. 90년대식 소형 노트북을 닫는다. 엄마, 책상 맞은편 소파에 앉아 있다.

커다란 스피커에서 아버지가 튼 레너드 코언의 〈이봐, 그런 식의 작별은 안 돼(Hey, That's No Way To Say Goodbye)〉가 울려 퍼진다.

나영과 여동생 시영(8세)이 불쑥 들어온다.

엄마
(아이들에게 연기가 가지 않게 손으로 휘저으며)
[들어오지 마, 거기서 얘기해.]

나영과 시영, 문지방 건너편에서―

나영

[우리 정했어.]

엄마

[어떻게 하기로 했어?]

나영

[내 이름은 미셸. 시영이 이름은 메리.]

엄마

[시영이가 미셸 하고 싶다고 그랬잖아.]

나영

[내가 미셸 하고 싶어.]

엄마

(나영에게)

[왜 동생 이름을 뺏어?]

나영

[내가 맘에 드는 이름이 없어.]

엄마

[나영아, 그래도 시영이가 하고 싶다는 이름을 뺏으면 안 되지.]

나영

(격하게)

[이름이 다 싫단 말이야!]

엄마

[쫌만 더 생각해 보자.]

나영이 바닥에 앉고 시영도 언니 옆에 앉는다.

계속 울려 퍼지는 레너드 코언의 노래.

아빠

["리어노어" 어때? 줄여서 노라.]

나영

(불러본다)

노라 문…….

INT. 서울의 아파트, 엄마 작업실 – 낮

엄마 작업실은 마티스, 바스키아 복제품들과 나영과 시영이 그린 그림으로 가득하다. 책장엔 어린이책이 가득한데 대부분은 나영이 엄마가 직접 그린 것들이다.

엄마의 애플 매킨토시 컴퓨터의 펜마우스로 그림을 그리는 시영. 엄마는 딸들과 함께 쓰는 작업실 짐 싸기에 한창이다. 이민과 관련된 것들을 적어 놓은 노트에 메모도 하고 목록도 작성하면서.

나영, 소파에 누워 책을 읽고 있다.

엄마

[나영아.]

나영

[응?]

엄마

[넌 요즘 학교에서 누가 좋아?]

사운드 없이 <u>하나의 이미지로 보여지는</u> 해성과 나영의 모습:

INT. 나영과 해성의 교실 – 다른 날

나영의 책상에 기대 말을 거는 해성. 해성이 내어준 팔뚝 가득 나영이 볼펜으로 꽃을 그린다.

둘 사이에 흐르는 편안한 친밀감. 아주 오래 이렇게 지내 온 것 같다.

CUT BACK TO:

INT. 나영이네 아파트, 엄마 작업실 – 낮

나영

[해성이.]

엄마

[왜?]

나영

[남자다워.]

엄마

(크게 웃으며)

[남자다워?]

나영

[응. 아마 걔랑 결혼할꺼야.]

엄마

[그래? 걔도 너랑 결혼한대?]

나영

[나 좋아하니까 내가 하자고 그러면 하겠지.]

엄마가 새로 만든 한국 여권 네 개(엄마, 아빠, 나영, 시영이 것)를 꺼내 안을 보며 혹시 모를 상황에 대비해 노트에 여권 번호를 적는다.

여권 속 이들의 얼굴이 보인다.

엄마

[걔랑 데이트할래?]

나영, 벌떡 일어나 앉아 고개를 열심히 끄덕인다.

EXT. 과천 국립 현대 미술관 - 낮

아름다운 가을날.

미술관 조각 정원에 위치한 조나단 보로프스키의 '노래하는 사람'(1994년작). 머리를 위로 치켜들고 입을 벌린 커다란 알루미늄 로봇 조각은 위키피디아에도 소개되지 않을 정도로 유명하지 않은 작품이지만 서울에 사는 한국인들에겐 상징적인 작품이다.

조각에 다가가는 해성과 나영. 감탄하며 서 있다. 둘 다 머리를 치켜들고 입을 벌리며 조각을 따라 한다.

조금 떨어진 곳에 나영 엄마와 해성 엄마(40대, 전통적인 어머니 모습)가 서 있다.

나영이 엄마가 근사한 카메라로 해성과 나영의 사진을 찍는다.

엄마
[둘이 잘 어울려요.]

나영 엄마, 담뱃불을 붙인다.

어색한 침묵.

해성이 엄마

[해성이가 나영이 얘기를 많이 해요.]

엄마

[나영이가 해성이를 좋아한다고 그러더라고요.
저희 이제 이민 가거든요. 그래서 가기 전에
좋은 기억을 만들어 주고 싶어서요.]

해성이 엄마

[이민을 가신다고요?]

엄마

[네.]

나영과 해성이 노는 가운데 두 엄마는 말이 없다.

해성이 엄마

[근데 왜 가세요? 나영이 아빠 영화감독 하시고,
어머님은 그림 그리시고. 왜 그걸 다 버리시고 가세요?]

말해도 해성이 엄마는 이해하지 못하리란 걸 아는 나영 엄마.
그래서 가급적 간단하게……

엄마

[버리는 게 있으면 얻는 것도 있거든요.]

담뱃불을 끄는 나영 엄마.

EXT. 과천 국립 현대 미술관 – 시간 경과

나영과 해성, 거대하고 기하학적인 2.5차원의 두 얼굴이 서로를 응시하는 화강암 석조 조각 작품인 이일호의 '존재에 대한 새로운 응시'(1994년 작)에 다가간다.

나영을 보는 해성. 그녀의 얼굴을 꼼꼼하게 살핀다.

INT. 나영 엄마 차 – 저녁

뒷좌석에 탄 나영과 해성. 노느라 지친 나영은 해성의 무릎에 머리를 대고 잠이 들었다. 둘의 손이 엉켜 있다.

자고 있는 나영을 보는 해성,

INT. 나영과 해성의 교실 – 낮

나영이 캐나다로 이민 가기 전 마지막 수업 날. 친구들에게 다신 한국에 돌아오지 않을 거라고 말한 참이다.

친구들이 나영이 주위로 모여 이것저것 묻는다.

무리에서 떨어져 앉아 있는 해성. 나영이, 그리고 나영과 친구들의 대화를 애써 무시하려 하지만 가끔 그쪽을 흘깃댄다.

친구 #1

[너 진짜 가는 거야?]

나영

[응.]

친구 #2

[다시는 안 오는 거야?]

나영

[안 와.]

친구 #1

[왜 가는 거야?]

나영

[가고 싶어서.]

친구 #3

[왜 가고 싶은데?]

나영

[한국 사람들은 노벨 문학상을 못 타.]

벙찐 표정의 친구들.

EXT. 나영이네 동네 – 낮

마지막으로 나영을 집에 데려다주는 해성. 농구공을 퉁긴다.

친구 #2
(멀리서)
[나영아! 잘 가!]

나영
[안녕!]

조금 떨어져 계속 걷는 두 사람. 아무 말도 하지 않는다. 완전히 무표정한 해성의 얼굴. 무슨 생각인지 전혀 알 수 없다.

해성이 너무 냉정하다고 생각하는 나영. 그러나 그 말을 하진 않는다.

나영이네 아파트 건물 앞에 도착하는 둘.

해성, 나영을 부른다:

해성
[야!]

나영
[왜!]

잠시 서로를 바라보는 둘.

해성, 하고 싶은 말이 너무 많다. 아마 이렇게 어리지 않았다면 제대로 표현했을 텐데.

해성

[잘 가라.]

몸을 돌려 공을 튕기며 멀어지는 해성.

나영, 멀어져 가는 해성을 바라보다 집으로 들어간다.

INT. 토론토행 비행기 – 몇 주 뒤, 밤

엄마는 이민 준비 노트를 읽고, 아빠는 한영사전을 보고 있다.
메모로 빽빽한 사전.

함께 영어를 연습하는 나영과 시영.

나영
안녕.

시영
안녕.

나영
내 이름은 노라야. 네 이름은 뭐니?

시영
내 이름은 미셸이야.

나영

어떻게 지내, 미셸?

시영

난 잘 지내, 너는?

나영

나는 잘 지내, 너는?

시영

나는 잘 지내, 너는?

나영과 시영, 킥킥거린다.

"나는 잘 지내, 너는?"와 웃음을 무한 반복하는 둘.

이 장면부터 나영은 노라로 불린다.

INT. 캐나다, 토론토 피어슨 공항 – 낮

캐나다에 도착한 나영이네 가족.

엄마, 아빠, 짧은 영어로 이민국 직원들과 얘기 중이다. 엄마, 서류 뭉치와 네 개의 대한민국 여권을 들고 있다.

노라, 거대한 트렁크 위에 졸린 표정으로 앉아 있다. 그녀 옆에서 언니의 무릎을 베고 잠든 미셸.

노라는 여동생을 내려다보고 그녀의 머리를 쓰다듬는다.

INT. 노라의 토론토 교실 – 아침

노라의 캐나다에서의 첫 등교일. 교실 안 학생은 대부분 백인 아이들이다.

노라의 표정을 읽기는 어렵지만 긴장과 흥분, 불안감과 외로움을 오가는 걸 알 수 있다. 다음엔 어떤 일이 일어날까?

수업 종이 울리며 노라의 캐나다에서의 첫 수업의 시작을 알린다. 요란한 벨소리와 함께 그녀의 새 삶도 시작된다.

12년 경과

INT. 한국, 들판 – 점심시간

군복을 입은 수백 명의 젊은 한국 남자들이 들판을 행군한다.

TIME CUT TO:

식사 시간. 군복을 입은 한국 남자들이 땅바닥에 앉아 식사를 한다. 철제 식판과 식기가 시끄럽게 부딪힌다.

젊은 한국 남자들의 관심사와 군생활의 고단함에 대한 불평을 나누며 음식을 욱여넣는 이들.

한국 남자라면 모두 2년을 꽉 채워 군 복무를 해야 하고 6년간 예비군으로 매년 2, 3일씩 예비군 훈련에 참가해야 한다. 이 국가의 의무를 수행하는 수많은 남자들 가운데 이젠 24세가 된 해성도 있다.

관객들이 해성을 확실히 알아볼 필요는 없다. 그저 들판에서 식사 중인 수백 명의 평범한 한국 남자 중 하나일 뿐.

해성, 뭔가를 기억하며 고개를 든다.

INT. 뉴욕시에 접근 중인 뉴욕 택시 – 해 질 녘

이제 24세가 된 노라가 옐로 캡을 타고 라과디아 공항에서 맨해튼으로 향한다.

노라도 이제 성인이다. 살짝 더 성숙해 보이지만 똑같이 야심만만해 보인다.

택시 차창 밖으로 뉴욕의 스카이라인이 보인다.

어슴푸레 빛이 나는 도시.

이 모습에 푹 빠져 바라보는 노라.

INT. 대학원 강의실 – 낮

사랑스러우면서도 위엄 있는 70대 백인 남자 교수의 수업 시간. 노라가 작업 중인 희곡의 피드백 세션이 한창이다.

새로 사귄 대학원 친구들, 재니스(힙스터, 흑인, 퀴어, 20대 후반)와 레이첼(일부러 옷을 막 입는 유대계 백인, 30대 후반) 사이에 앉은 노라.

동료 학생들의 자신의 희곡에 대한 코멘트를 부드럽게 미소 지으며 적는 노라. 가끔 고개를 끄덕이고 그들이 웃을 땐 따라 웃기도 한다.

수업을 같이 듣는 백인 남자, 로버트(20대, 노라와 자고 싶어 한다)가 의견을 낸다:

로버트

공감한 부분이 많아. 근데 제일 기억에 남은 건 이거야.

"썩어 가는 긴 여정."

가볍게 킥킥 웃고 "음……" 하는 학생들.

INT. 노라의 기숙사 방 – 낮

새 기숙사 방에 있는 노라. 이 형편없고 작은 방에서 앞으로 3년을 지내야 한다. 극심하게 불편한 트윈 베드와 끔찍한 나무 책상만 있는, 휑하고 실용주의적인 공간.

노라는 엄마와 통화 중이다.

노라의 어린 시절 서울 친구들을 검색하는 두 사람. 특별한 이유는 없고 갑자기 생각이 나서 그러는 것뿐.

지금 노라는 어린 시절 친구 동연이 변호사로 일하는 것으로 보이는 한국의 법무 법인 웹사이트를 보는 중이다.

노라

[와, 동연이는 변호사가 됐네.]

엄마

[걔 굉장히 착했어.]

노라

[맞아, 내가 수업하다가 오줌 쌌을 때 걔가 숨겨줬어.]

엄마

[너 맨날 오줌 쌌는데.]

웃는 둘.

노라

[오줌싸개가 뉴욕에 살어.]

엄마

[그러니까. 오줌싸개가 잘나가네.]

동연의 페이스북 프로필을 스크롤하는 노라. 정기적으로 피부 관리를 받고 본인에게 맞는 셀카 각도를 잘 아는 아주 평범한 한국 남자처럼 보인다.

노라

[또 누구 찾아볼까? 걔 이름이 뭐더라……
내가 무지 좋아하던 애. 걔랑 데이트 했잖아.]

엄마

[아, 해성이.]

노라

[정해성.]

해성을 검색해보는 노라.

검색 결과를 살피며 해성을 찾는 동안 흐르는 침묵.

노라

[와, 엄마. 미쳤다.]

엄마

[응?]

노라

[애가 나를 찾고 있었네.]

엄마

[뭔 소리야?]

노라

[애가 아빠 영화 페이스북에 날 찾는다고 포스트했어.]

엄마

[진짜?]

노라

[응, 몇 달 전인데…… "나영이를 찾습니다.
어린 시절의 친구인데, 연락을 하고 싶습니다."]

엄마

[와, 진짜?]

노라

[잠깐만, 다시 전화할께.]

엄마

[그래.]

전화를 끊는 노라.

메시지를 다시 읽고, 해성의 페이스북 프로필을 연다.

해성이다.

노라, 그의 얼굴을 바라본다.

이젠 성인이지만 웬일인지 그녀가 기억하는 모습 그대로인 해성의 얼굴. 노라, 자기도 모르게 살짝 미소 짓는다.

페이스북에 메시지를 작성하기 시작한다: *해성! 나 나영이야…… 기억나?*

INT. 서울, 심야 소주방 – 한국 시각 새벽 3시

해성이 친구 몇몇과 술을 마시고 있다—모두 한국 남자로 대학원 동기들이다. 그들 테이블 위엔 빈 소주병이 십여 개 놓여 있다.

모두 만취한 상태. 약간이 아니라 정신이 나갈 정도로 취했다. 벌겋게 달아오른 얼굴들.

최근 실연당한 친구 하나를 위로하러 모였다.

친구 #1

[야, 잘됐다, 잘됐어…….]

해성

[헤어져서 다행이다 생각하고. 다시 시작하는 거야.]

친구 #2

[세상에 여자는 많아.]

친구 #3, 울음을 터뜨린다.

친구 #3

[아, 나 빙신인가 봐…… 그년이 보고 싶어…….]

친구 #2

[당연히 보고 싶지, 이 빙신아.
2년이나 사귀고 안 보고 싶으면 니가 인간이냐?]

해성, 따뜻하게 친구 #3을 자기 품에 안아 주며,

해성

[야, 괜찮아. 펑펑 울어라.]

친구 #3, 아기처럼 목메어 운다.

친구 #1

[잘됐다, 잘됐어…….]

주머니에서 울리는 해성의 휴대폰.

친구 #2

[너 뭐 몰래 여자 있냐?]

해성

(확인하러 휴대폰을 꺼내며)

[뭔 소리 하는 거야…….]

친구 #2

[새벽 세 시에 누가 연락하냐?]

페이스북 알림(친구 추가 및 메시지)을 보고 발신자 이름을 확인하는 해성: "Nora Moon".

술이 취해 정신없는 가운데 잠시 멍하니 바라본다.

해성

[모르겠는데.]

EXT. 서울 거리 – 시간 경과, 꼭두새벽

만취 상태로 홀로 서울 거리를 터덜터덜 걸어가는 해성. 똑바로 걷기는 힘들지만 만취 상태에서도 집으로 가는 길만은 잊지 않는다.

아침이 밝아 오고 깨어나는 서울.

INT. 서울, 해성네 아파트 – 잠시 후

해성, 집의 자동문을 연다. (한국의 집 대문은 대개 비밀번호로 열린다.)

술이 취한 상태에서도 함께 사는 부모님을 깨우지 않으려 최대한 조용히 비틀대며 들어간다.

INT. 서울, 해성의 방 – 잠시 후

양말을 벗고 침대로 파고드는 해성. 잠이 든다.

눈 깜짝할 사이에 시간이 지나고.

해성, 눈을 뜬다. 침대 옆 협탁에는 엄마가 가져다 놓은 물잔이 놓여 있다.

깊이 한숨을 쉬는 해성. 머리가 깨질 듯 아프다.

일어나 앉아 물을 마시고 다시 눕는 해성.

그러다 뭔가를 기억하고, 휴대폰을 집어 알림을 살펴본다.

이름을 다시 보는 해성 : "Nora Moon"

메시지를 열고 읽는다: *해성! 나 나영이야…… 기억나?*

노라의 페이스북 프로필을 여는 해성.

잠시, 미술관에서 해성이를 보며 미소 짓는 어린 나영이 보인 다. 아주 눈 깜짝할 새 사라지는 어린 나영의 이미지.

나영이다.

이제 성인 여성이지만 왠지 해성이 기억하는 얼굴 그대로다.

사진을 응시하는 해성.

해성
[와.]

잠시 킥킥 웃고 그녀의 얼굴을 보며 미소 짓는다.

해성이 엄마가 주방에서 그를 부른다.

해성이 엄마 (O.S.)
[해성아! 일어나라!]

일어서는 해성.

INT. 서울, 해성이네 주방 – 잠시 후

해성, 주방으로 비틀거리며 들어간다. 아주 평범한 젊은 한국 남자와 그의 직장인 아버지, 그리고 전업주부 어머니가 사는 집의 주방이다. 이제 40대 후반인 해성이 엄마가 전통적인 한국 아침상을 차려놓았다.

해성이 아빠(평범, 50세)는 이미 자리에 앉아 신문을 읽으며 식사 중이다.

너무나도 평범한 한국 가정의 너무나도 평범한 아침 식사 모습. 해성이 살아오는 동안 한결같은 모습이다.

과음한 아들을 위해 (콩나물이 들어간 매콤하고 진한 고깃국인) 한국식 해장국을 준비한 엄마.

해성이 자리에 앉는다.

해성
[잘 먹겠습니다.]

해성이 엄마
[많이 마셨어?]

해성
[응, 쫌.]

해성이 평소와 다른 걸 눈치 챈 엄마.

해성이 엄마
[뭐가 그렇게 기분이 좋아?]

그렇게 티가 났나? 해성, 무표정하게 표정을 관리하고 어깨를 으쓱한다.

말없이 식사하는 해성이네 가족.

INT. 뉴욕, 대학원 도서관 – 미국 동부 시각 저녁 (한국 시각 아침)

재니스와 도서관에서 노트북으로 작업 중인 노라. 조용히 과제 중이다.

페이스북 알람이 뜨자 잔뜩 기대에 차 막 도착한 메시지를 여는 노라.

해성이 보낸 메시지다. 자신을 기억하냐는 노라의 질문에 대한 아주 짧은 옛날식 신소리가 섞인 대답. 이걸 보니 어린 시절 그가 더욱 기억난다: 당근.

노라, 자기도 모르게 입꼬리가 올라간다.

왜 그래? 라는 눈길로 그녀를 보는 재니스.

아무것도 아냐 라는 듯 어깨를 으쓱하는 노라.

EXT. 뉴욕, 어퍼웨스트사이드 거리 –
잠시 후, 미국 동부 시각 저녁 (한국 시각 아침)

기숙사로 돌아가는 노라. 발걸음을 재촉한다. 계속 빨리 걷다 결국 뛰기 시작하고.

뉴욕의 거리를 달리면서 피어나는 웃음을 주체하지 못하는 노라.

INT. 뉴욕, 노라의 기숙사 방/서울, 해성의 방 –
미국 동부 시각 저녁/한국 시각 아침

숨을 헐떡이며 기숙사 방문을 벌컥 열며 들어서는 노라.

책상 앞에 앉는다.

노트북 컴퓨터를 열고 스카이프를 켜는 노라. 초조하게 기다린다.

해성이 그녀를 스카이프에 추가한다. 노라도 환하게 웃으며 그를 추가한다.

스카이프로 전화하는 해성.

노라, 전화를 받는다.

짧은 로딩 시간이 지나고 노라의 노트북 화면에 해성의 얼굴이
보인다.

(두 곳에서 진행되는 이 스카이프 시퀀스는 뉴욕의 노라와 서
울의 해성의 모습을 교차편집으로 보여 준다.)

미친 듯 킥킥거리는 둘. 마치 어린아이들 같다.

해성
[와, 너다.]

노라
[와.]

또 한참을 웃기만 한다.

해성
[알아보겠다.]

노라
[너도.]

무슨 말을 해야 할지 모른 채 웃기만 하는 둘.

해성

[어떻게 이렇게 다시 만나냐?]

노라

[난 너가 날 기억하는지도 몰랐어! 근데 진짜 장난으로
널 찾아봤더니 너가 나를 찾고 있는 거야.]

해성

[난 장난 아니었는데. 난 정말 열심히 찾았어.
찾기 힘드니까 왠지 오기가 생겨서…… 이름이 다르네?]

노라

[응, 이젠 Nora야.]

해성

[그래서 못 찾았구나. 난 그냥 나영이라고 불러도 돼?]

노라

[당근. 근데 이제 우리 엄마도 나를 나영이라고 안 불러.]

해성

[넌 어디야? 너 뉴욕에 있는 거 같던데.]

노라

[응, 나 여기서 글쟁이해. 연극…… 극작가라고 그러나?]

해성

[너희 아버지랑 비슷하구나.]

노라

[응.]

해성

[멋있다.]

스카이프가 잠시 버벅인다.

노라

[여보세요?]

해성

[여기 있어.]

미소 짓는 둘.

노라

[넌 집이야?]

해성

[응. 나중에 수업 있어.]

노라

[부모님이랑 같이 살아?]

해성

[응.]

노라

[엄마가 그러는데 너 좋은 학교 다닌대.]

해성

[나쁘지 않지.]

노라

[공부 잘했나 보네.]

해성

[그냥 뭐 보통.]

노라

[옛날에 우리 맨날 경쟁하고……]

해성

[너 나한테 져서 울었잖아.]

노라

(정정해 주며)

[딱 한 번 졌지.]

해성, 웃음을 터뜨린다.

해성

[요즘도 잘 울어?]

노라

[아니.]

해성

[그래? 그땐 너 많이 울었는데.]

노라

[거의 매일 울었지. 내가 울 때 너가 맨날 같이 있어 줬잖아.]

해성

[이젠 왜 안 울어? 뉴욕에서는 울면 안 돼?]

노라 웃으며—

노라

[이민 와서 처음엔 잘 울었었는데,
그런다고 아무도 관심을 가지지 않는다는 걸 깨달았지.]

사이.

해성

[그랬구나.]

둘 다 씨익 웃으며—

노라

[너 무슨 공부해?]

해성

[공학.]

노라

(웃으며)

[전혀 내가 모르는 거네.]

계속 수다를 떠는 둘…….

TIME CUT:

INT. 뉴욕, 노라의 기숙사 방/해성의 방 – 수 시간 뒤, 미국 동부 시각 저녁/한국 시각 아침

해성

[좋다.]

노라

[뭐가?]

해성

[그냥. 너랑 얘기하는 거.]

노라

[나 좀 재밌는 사람이야.]

해성

[그래?]

노라

[응.]

웃는 두 사람.

해성, 시간을 보고,

해성
[아, 수업 가야 하는데.]

노라
[나도 배고파. 저녁 먹어야 돼.]

해성
[저녁 안 먹었어?]

노라
[아직.]

해성
[지금 거긴 몇 신데?]

노라
[밤 열두 시.]

해성
(놀라서)
[아직도 안 먹었다고?]

노라
[응, 굶어 죽겠어…….]

해성

[당장 가서 먹어.]

노라

[그럴게.]

서로를 보는 둘. 계속 통화를 하고 싶은 마음이 굴뚝같지만 끊어야 한다.

해성, 뭔가 말하고 싶어 하는 눈치다.

노라

[왜?]

해성

[좀 말이 안 되지만…… 이런 말 해도 되나?]

노라

[뭐라고 하고 싶은데?]

해성

(어색하게)

[보고 싶었어.]

사이.

노라

[나도. 말도 안 돼.]

서로를 바라보며 미소 짓는다.

해성

[나 진짜 가야 돼. 수업 시작한다.]

노라

[그래, 잘 가. 또 얘기……]

해성

[또 얘기하자. 이메일 할게.]

손을 흔들며 작별 인사를 하는 둘. 해성, 전화를 끊는다.

잠시.

TIME CUT:

**INT. 뉴욕, 노라의 기숙사 방 –
2시간 뒤, 미국 동부 시각 밤(한국 시각 낮)**

샤워를 끝내고 침대에서 양치를 하는 노라. 자신의 영문 키보드로 한글을 칠 때 참고할 수 있도록 종이 위에 간단한 한글 키보드를 만든다.

이메일을 열고 서툰 한글로 해성에게 메일을 쓴다. "널 다시 만나게 될 줄 몰랐어……"로 시작하는 메일.

TIME CUT:

여전히 메일을 쓰고 있는 노라. 메일이 꽤 길다.

INT./EXT. 서울, 카페/뉴욕, 노라의 기숙사 방 – 한국 시각 저녁/미국 동부 시각 저녁

해성, 사람 많고 힙한 카페에서 이어폰을 끼고 노라에게 스카이프로 전화를 건다.

전화를 받는 노라. 막 잠이 깬 듯한 모습이다.

해성

[안녕…… 거기 아침 일곱 시인가?]

노라

(잠이 덜 깬 채)

[안녕.]

해성

[절대 아침 열 시 전에는 안 일어난다더니.]

노라

[지금밖에 시간이 안 된다며.]

이 모습에 웃는 해성.

INT./EXT. 뉴욕, 노라의 기숙사 방/서울, 버스 -
미국 동부 시각 저녁 /한국 시각 아침

차려입고 저녁 외출 준비를 마친 노라.

스카이프 안에서 해성은 버스를 타고 등교 중이다.

노라
[오늘 수업 있지 않나?]

해성
[응, 그래서 일찍 나왔어. 오늘 리허설은 어땠어?]

해성, 버스 옆좌석에 앉은 사람들이 못 보게 살짝 휴대폰을 가린다.

INT. 서울, 해성의 방/뉴욕, 노라의 기숙사 방 -
한국 시각 저녁 /미국 동부 시각 아침

노라와 통화 중인 해성. 해성의 노트북 화면 스카이프 창에 보이는 노라는 잠옷을 입고 침대에 누워 있다. 막 잠에서 깬 모습.

노라에겐 하루의 시작, 해성에겐 하루의 마무리가 되는 시간이다.

웃고 있는 둘.

해성

(노라를 놀리며)

[한국말이 좀 녹슬었는데?]

노라

[너랑 우리 엄마하고밖에 한국말 안 해.]

INT. 뉴욕, 노라의 기숙사 방/서울, 해성의 방 – 미국 동부 시각 저녁/한국 시각 아침

노트북 앞에서 해성과 통화 중인 노라.

해성

[넌 노벨상 타야 돼서 간다고 그랬잖아. 아직도 타고 싶어?]

노라

[요즘은 퓰리처에 꽂혀 있어.]

웃음을 터뜨리는 해성.

INT. 뉴욕, 노라의 기숙사 방/서울, 해성의 방 – 미국 동부 시각 늦은 밤/한국 시각 오후

화면 위 노라를 바라보며 미소 짓는 해성. 노라, 해성의 미소에 안절부절 못하면서도 그를 향해 미소 짓는다.

해성

[옛날 내 기억 속의 열두 살이던 애랑 똑같애.]

노라

[욕심쟁이,]

해성

[하고 싶은 것도, 갖고 싶은 것도 많고.]

노라

[성질도 나쁘고.]

해성

(자지러지며)

[그러게.]

두 사람, 함께 웃는다.

해성

[아니 아니 농담이야…….]

**INT. 뉴욕, 노라의 기숙사 방/서울, 해성의 방 –
미국 동부 시각 아침 /한국 시각 저녁**

노라, 등교 준비를 하며 노트북 컴퓨터 앞에 앉은 해성과 통화
한다.

두 사람, 함께 웃는다.

해성

[거기서 한달 내내 글을 쓰는 거야?]

노라

[응. 아티스트 레지던시야.]

해성

[멋지다. 몬탁은 어디야?]

노라

[뉴욕에서 기차 타고 네 시간쯤 동쪽.
Eternal Sunshine of the Spotless Mind 봤어?]

INT. 서울, 해성의 방 – 한국 시각 늦은 밤

해성, 영화 〈이터널 선샤인〉을 보고 있다.

INT. 뉴욕, 대학원 강의실 – 미국 동부 시각 아침

과제 대신 해성에게 긴 이메일을 쓰는 노라. 재니스와 레이첼이
그녀의 컴퓨터 화면을 훔쳐본다.

노라 (V.O.)

[넌 언제 뉴욕 안 와?]

해성 (V.O.)

[내가 왜 뉴욕을 가?]

INT. 서울, 해성의 방/뉴욕, 노라의 기숙사 방 – 한국 시각 아침/미국 동부 시각 저녁

해성이 노트북 컴퓨터 화면 위 스카이프 윈도우 속 노라의 얼굴.

노라

[왜 중국으로 가?]

해성

[중국어 배우러.]

노라

[뉴욕에 와서 영어 배우지…….]

해성

[항상 중국어를 배우고 싶었어.
그리고 내 일에도 도움이 되거든…….]

노라

니 하오 마.

해성

[잘하네.]

노라

[그것밖에 몰라.]

**INT. 뉴욕, 노라의 기숙사 방 –
미국 동부 시각 저녁 (한국 시각 아침)**

스카이프에 대고:

노라

[들려?]

**INT./EXT. 서울, 카페 –
한국 시각 아침 (미국 동부 시각 저녁)**

노라가 보이는 화면이 지직거린다. 해성, 끈기 있게 로딩을 기다린다.

**INT. 서울, 해성의 방 –
한국 시각 저녁 (미국 동부 시각 아침)**

스카이프에 대고:

해성

[들려?]

**INT. 대학원 도서관 –
미국 동부 시각 아침 (한국 시각 저녁)**

노라, 노트북 화면에 해성이 로딩되길 초조하게 기다린다.

노라

[여보세요?]

INT. 서울, 카페 – 한국 시각 아침 (미국 동부 시각 저녁)

화면에 노라가 뜨길 차분히 기다리는 해성.

한참이 지나도록 로딩이 되지 않는다.

결국 연결이 안 되는 전화.

**INT. 뉴욕, 노라의 기숙사 방 –
미국 동부 시각 아침 (한국 시각 저녁)**

자고 있는 노라.

스카이프가 울린다.

계속되는 해성의 전화.

몸을 뒤척이는 노라.

잠을 자느라 해성의 전화를 못 받는 노라의 모습 위로:

해성 (V.O.)
[넌 언제 서울 안 와?]

노라 (V.O.)
[내가 왜 서울을 가?]

**EXT./INT. 서울, 케이블카/뉴욕, 노라의 기숙사 방 –
한국 시각 아침 /미국 동부 시각 저녁**

해성, 휴대폰으로 노라와 스카이프 중이다. 서울의 아름다운 모습을 보여 주기 위해 케이블카를 탄 해성.

해성
[여기야.]

해성, 앉아서 휴대폰 화면을 돌린다.

해성

[여기선 서울이 한눈에 들어온다.]

노라, 화면으로 서울의 스카이라인이 보인다.

노라

[좋다.]

침묵 속에서 해성이 노라에게 풍광을 보여 준다.

노라

[거기 있었으면 좋겠다.]

해성

[언제 같이 오자.]

노라

[보고 싶다.]

노라 노트북 화면에 보이던 서울의 풍경 이미지가 깨지다 멈춘다.

그 화면을 바라보는 노라. 갑자기 말도 안 되게 조용해진 상황.

노라

[여보세요?]

해성의 전화에서도 노라의 모습이 지직거리기 시작한다.

멈춰진 노라의 모습을 가슴 아픈 표정으로 바라보는 해성.

정적. 여전히 풍경만은 아름답다.

**EXT. 서울, 해성의 대학 –
한국 시각 오후 (미국 동부 시각 늦은 밤)**

수업이 끝나고 건물 밖에서 친구들과 담배를 피우는 해성.

휴대폰에 뜨는 노라의 메시지: *우리 얘기할 수 있을까?*

**INT. 뉴욕, 노라의 기숙사 방/서울, 해성의 방 –
미국 동부 시각 이른 아침/한국 시각 늦은 오후**

방에서 스카이프 전화를 받는 해성.

해성
[안녕.]

노라
[안녕.]

뭔가 잘못됐음을 느낀 해성, 불안해 보인다.

해성

[아직 안 자?]

노라

[아직.]

해성

[괜찮아?]

노라

(거짓말)

[그럼.]

해성

[무슨 얘기 하고 싶은데?]

침묵. 노라는 생각을 정리하며 어떻게 말해야 할지 고민한다.

노라

[이건 그냥 물어보는 거야:

언제쯤 뉴욕에 나를 만나러 오는 게 가능해?]

노라와 해성, 태평양을 사이에 둔 채 서로를 응시한다.

해성

[일 년 반쯤. 왜냐면 내가 언어연수 있고⋯⋯]

노라

[설명 안 해도 돼. 난 일 년쯤 후에야 서울에 만나러 갈 수 있어.]

사이.

노라

[난 우리 잠깐 연락을 끊었으면 좋겠어.]

해성

(아이처럼)

[왜?]

노라

[난 이민을 두 번이나 해서 뉴욕에 와 있어. 난 여기서
뭔가를 해내고 싶어. 여기에 있는 인생에 충실하고 싶은데,
내가 맨날 서울 가는 비행기를 찾아보고 앉아 있는 거야.]

이 말을 하는 노라의 마음도, 그걸 듣는 해성의 마음도 찢어진
다.

해성

(아이처럼)

[그래서 나랑 더 얘기하기 싫어?]

노라

[지금만.]

해성

[야, 십이 년 만에 친구를 찾았는데……]

노라

[금방이야. 그냥 잠깐 쉬는 거야.]

긴 침묵.

해성
(고통스럽지만)
좋은 생각인 것 같아.

해성, 생각과는 달리 눈물이 차오른다.

눈물을 멈추려고 고개를 젖혀 보지만 흐르는 눈물을 막을 수 없다.

해성
(무표정하게, 눈물을 참으려 애쓰며)
[아, 나 왜 이러냐?]

노라, 아무 말 없이 시선을 돌린다.

그녀는 울지 않는다.

노라
[미안해.]

해성
[뭐가 미안해? 우리가 뭐 사귀기나 했냐?]

사이.

해성

[그래, 잘 가라. 일 년 후에 얘기하자.]

노라

[응, 그때 얘기해.]

바로 전화를 끊어 버리는 해성. 그는 사라졌다.

갑작스러운 정적.

INT. 몬탁행 햄프턴 지트니 – 아침

뉴욕의 아름다운 모습이 창밖으로 빠르게 스쳐 지나가지만, 노라는 이 광경을 보지 못한다. 그녀는 지금 뉴욕을 빠져나가는 중이다.

좌석에 몸을 웅크리고 잠이 든 노라.

EXT. 몬탁, 레지던시 농가 – 낮

뉴욕주, 몬탁. 노라, 택시를 타고 아티스트 레지던시에 도착한다. 앞으로 한 달 간 그녀가 머물게 될 곳이다.

INT. 몬탁, 아티스트 레지던시 농가, 1층 – 낮

집 안으로 들어가 둘러보는 노라. 벽에 걸린 그림들은 낡았지만 멋지다. 천장까지 꽉 들어찬 책들까지, 매력적인 공간이다. 하지만 아무도 없다.

노라, 빈방을 찾아 2층으로 올라간다.

INT. 몬탁, 아티스트 레지던시 농가, 2층 – 계속

2층. 첫 방엔 짐가방이 이미 놓여 있다. 복도를 따라 걸으며 서로 마주한 빈방 두 개를 찾는다.

두 방을 다 보는 노라: 한쪽 방이 훨씬 좋다. 그 방으로 들어가는 노라.

INT. 농가, 노라의 방 – 계속

침대 하나, 선풍기, 커다란 나무 책상이 있는 방.

벽에는 이전에 이 방을 썼던 사람들이 자신의 이름과 머물렀던 연도를 써 놨다.

벽으로 다가가 벽에 빈 공간을 발견하고 자신의 이름을 써넣는

다: Nora Moon.

구석에 거미줄과 먼지가 있지만 그래도 완벽한 방이다.

짐을 푸는 노라.

INT. 서울, 지하철 –
한국 시각 늦은 밤 (미국 동부 시각 오후)

서울에서 지하철에 탄 해성이 구부정하게 휴대폰을 보고 있다. 뉴욕 지하철과는 달리 깨끗하고 보기 좋고 효율적인 한국 지하철.

노라에게 장문의 이메일을 쓰는 해성. 술에 취해 졸고 있는 회사원과 진한 애정 행각 중인 한국인 연인 사이에 앉아 있다.

이메일을 다 쓰기 전, 목적지에 도착한다. 경쾌하고 정확한 안내 방송과 함께 열리는 문.

해성이 메일을 지우고 지하철에서 내린다.

INT. 서울, 심야 소주방 – 늦은 밤

해성이 술집에 도착하면, 친구들은 이미 다 와서 소주 한 병을 비운 상태. 모두 그를 보고 즐겁게 인사한다.

친구 #2

[해성아, 몇 시냐? 너 때문에 모였는데.]

친구 #1

[야, 짐은 다 쌌냐?]

해성

[거의.]

친구 #3

[그래서 언제 가는 거야?]

해성

[이번 주 일요일.]

친구 #1

[그러면 여름 내내 거기 있겠네?]

대답 대신 테이블 위에 놓인 가득 또는 반쯤 찬 소주잔을 차례로 전부 원샷하는 해성. 막 딴 소주병도 벌컥 마신다.

놀라서 그를 보는 친구들.

입가를 닦으며 선언하는 해성:

해성

[야! 오늘 먹고 죽자.]

친구들 웃으며 환호한다.

INT. 농가, 노라의 방 – 오후

노라, 낮잠을 자고 있다.

노라의 침대 옆 창문을 통해 밖이 보이는데,

택시가 도착한다.

아서—영화 첫 장면에서 해성, 노라와 함께 스피크이지 바에 함께 있던 백인 남자—가 지저분한 더플백을 들고 내린다.

추레한 티셔츠에 싸구려 청바지를 입고 머리도 헝클어졌다. 아직 술이 안 깬 듯 보이는 아서.

하지만 우리는 아직 그의 얼굴을 보지 못한다. 멀리서 언뜻 보이지만 자세히는 아니다.

농가를 향해 흙길을 걸어가는 아서.

카메라 팬해서 침대에서 곤히 잠든 노라를 보여 준다.

INT. 농가, 노라의 방에서 주방까지 – 한낮

잠에서 깬 노라.

방에서 나와서, 맞은편 방에 아서의 짐들이 놓인 걸 발견한다. (하지만 아서는 방에 없다.) 방에 사람이 왔다는 걸 확인하고 아래층으로 내려가는 노라.

막 내린 커피 한 잔을 들고 밖으로 나간다.

EXT. 농가 피크닉 테이블 – 잠시 후

집을 나온 노라, 조금 더 나아가 자연을 바라본다.

아서가 다가오는 걸 보는 노라.

거리 때문에 여전히 그의 얼굴은 잘 보이지 않는다.

눈이 먼저 마주치고—아서와 노라가 만난다.

아서
안녕하세요.

노라
안녕하세요, 노라예요.

아서

반가워요, 아서예요.

노라

언제 들어왔어요?

아서

오늘 아침에요.

노라

제일 후진 방 쓰겠네요.

아서

알아요.

잠시 서로를 바라보는 두 사람.

EXT. 농가 피크닉 테이블 – 그 여름 언젠가, 밤

모두 살짝 취한 예술가들. 테이블 여기저기엔 즐거운 밤이었던 걸 증명하는 빈 맥주병과 와인병들이 보인다.

모두가 약간 취한 노라의 이야기를 듣고 있다. 그러나 그들의 관심 정도는 각각 다르다:

노라

한국어엔 이런 말이 있어. '인연'. 섭리나 운명을 뜻하는 건데,

사람들 사이의 관계에 대한 거야.

노라의 목소리는 무음으로 펼쳐지는 상하이에서의 해성의 모습 위로 계속 들린다.

INT. 상하이행 비행기 – 아침

상하이행 비행기에 탄 해성.

> ### 노라 (V.O.)
> 불교와 윤회 사상에서 온 개념 같아.

INT. 상하이 기숙사 방 – 해 질 녘

새 기숙사 방에서 잠든 해성. 작고 형편없는 방이지만 상하이의 경관만은 끝내준다.

침대 위에는 수업 시간표, 현지 식당 추천 같은 어학 연수 프로그램에 대한 한국어와 중국어로 된 안내문이 놓여 있다.

> ### 노라 (V.O.)
> 전혀 모르는 사람 둘이 길을 걷다가 옷깃만 스쳐도
> 인연이라고 해.

EXT. 상하이 야시장 – 밤

단체 외출을 나온 해성과 다른 어학연수 참가 학생들이 수산시장을 돌아보고 있다. 노점상에서 김이 모락모락 올라오고 야시장을 즐기는 사람들로 북적인다.

톡 쏘는 냄새와 맛있어 보이는 음식들.

일행 중 아주 귀여운 <u>여학생</u>(한국인, 같은 어학연수 학생, 20세)이 자꾸 해성을 힐끔거린다.

하지만 알아차리지 못하는 해성.

담배에 불을 붙인 후, 다른 학생에게 권하자 그 친구가 기꺼이 담뱃갑에서 한 개비 꺼내 간다.

노라 (V.O.)
전생에 관계가 있었다는 뜻이거든.

INT. 상하이 국수집 – 늦은 밤

외국에 온 흥분감에 소란스러운 학생들. 모두 맛있는 국수를 먹고 술에 취한다.

전 장면의 귀여운 여학생과 우연히 눈이 마주치는 해성.

노라 (V.O.)

그 둘이 결혼하면, 팔천겹의 인연이 쌓인 거라고 말해.

자그마치 팔천 번의 삶 동안.

해성의 국수 그릇 너머로 미소를 지어 보이는 여학생. 해성이 마음에 들었다.

해성도 미소를 보낸다. 그도 여학생이 마음에 든다.

EXT. 농가 피크닉 테이블 – 그 여름 언젠가, 밤

맥주잔들 너머로 인연의 개념 설명을 마치는 노라의 얼굴이 보인다.

살짝 취했지만 사랑스러운 모습.

고개를 들어 관객—그러니까 그녀의 말을 듣고 있던 상대—를 보는 노라. 조금 상기된 모습이다.

노라

우리도 다른 생에서 서로에게 특별한 사람이었을 수도 있어.

우리는 그녀가 설명하던 상대가 아서라는 것을 알게 된다.

나머지 예술가들은 사라졌다—자러 갔거나, 화장실 갔거나, 한

잔 더 하러 갔거나, 배를 채우러 갔다.

그녀의 얘기를 듣고 있는 건 아서뿐. 그의 옆으로 빈 의자 세 개가 보인다.

<u>드디어 관객들도 아서를 제대로 만난다.</u>

그녀를 바라보는 아서의 시선에서 바로 이 순간 그녀를 사랑하게 되었음을 바로 알 수 있다.

둘, 한참 동안 서로를 바라본다.

아서
그걸 믿어?

노라
뭘?

아서
우리가 전생에도 알던 사이였단 거.

아서를 살짝 비웃는 노라. 아서도 슬쩍 웃는다.

노라
우리가 지금 여기⋯⋯
같은 테이블, 같은 도시, 같은 시간에 있으니까?

아서

그러면 인연 아니야?

노라, 고개를 젓고,

노라

그건 그냥 한국인들이 작업 걸 때 쓰는 말이야

킥킥대는 둘.

아서, 몸을 기울여 테이블 건너편 노라에게 깊이 입을 맞춘다.

12년 경과

INT. 토론토 피어슨 공항 – 며칠 후, 아침

공항에서 캐나다 국경 경비대(CBP) 장교와 이야기를 나누는 노라와 아서.

CBP 장교

어디 가십니까?

아서

뉴욕이요.

CBP 장교

목적은요?

아서

거기 살아요.

CBP 장교

직업은요?

아서

작가예요.

CBP 장교

네?

아서

우린 작가라고요.

두 사람을 수상하게 보는 장교.

CBP 장교

토론토엔 얼마나 계셨죠?

아서

열흘이요.

CBP 장교

방문 목적은요?

아서
이 사람 부모님 뵈러요.

얼굴을 들어 둘을 바라보는 장교.

처음으로 30대 노라와 아서의 모습이 분명하게 보인다.

노라는 좀 더 현명하고, 훨씬 더 행복하지만, 여전히 야망에 불타는 모습이고, 아서는 더 성숙하고, 훨씬 더 행복하며 좀 더 자신감에 찬 모습이다.

CBP 장교
(노라에게)
둘이 가족인가요?

노라와 아서의 모습이 사운드 없이 이미지로만 보여진다. (이런 식의 이미지가 영화에서 나온 건 해성과 나영의 어린 시절 때뿐이다.)

EXT. 이스트빌리지 거리 – 낮

노라와 아서, 뉴욕에서 차도를 사이에 두고 맞은편에 서 있다. 횡단보도 신호가 빨간불이다.

신호가 바뀌길 기다리며 서로를 향해 웃긴 표정을 짓는 둘. 두 사람, 서로를 웃게 만든다.

신호가 파란불로 바뀌면 아서가 길을 건너 노라 쪽으로 다가온다. 둘이 손을 잡고 같이 걸어간다.

<u>다시 현재 노라의 모습으로:</u>

노라
부부예요.

INT. 뉴욕, 연습실 – 오후

자신이 쓴 연극 리허설에 참석한 노라. 연출자인 백인 여성, <u>헬레나</u>(40대), <u>무대 감독</u>(30대)과 함께 테이블 한편에 나란히 앉아 있다.

맞은편에는 젊은 한국계 미국인 <u>여배우</u>(20대)가 노라의 각본 속 독백 연기를 하고 있다. 사랑스럽고 재능도 있지만 아직 연기가 썩 훌륭하진 않다.

여배우
저도 대가를 지불하면서 왔어요. 저는 태평양을 넘어서 왔는데요.
어떤 여정은 대가가 유독 비싸요. 인생 전체를
지불해야 할 때도 있죠.

신경질적으로 연출자의 메모장에 뭔가를 휘갈기는 노라. 연출자, 고개를 끄덕이더니 자기도 뭐라고 적는다.

INT. 브루클린, 서점 – 같은 날 시간 경과

자기 소설 사인회에 참석 중인 아서. "당혹스러운 실수, 아서 자투란스키 저"라고 쓰인 책 표지가 보인다. 열성 팬인 힙한 젊은 여인들과 대화를 나누는 아서.

눈은 휴대폰을 향한 채 아서에게 다가가는 노라. 점심식사용 베이글 샌드위치를 그에게 건넨다.

아서, 몸을 돌려 노라에게 짧게 감사 키스를 한다. 그제서야 휴대폰에서 눈을 떼고 얼굴을 들어 키스를 받는 노라.

INT. 뉴욕, 노라와 아서의 아파트, 거실 – 낮

막 섹스를 끝낸 노라와 아서.

아서
[배고파요.]

노라
나도.

아서

[뭐 먹고 싶어요?]

노라

모르겠어…….

아서

(자기가 제대로 할 줄 아는 유일한 한국어 문장으로)
[아…… 어떡하나.]

노라

나 뭐 먹고 싶게?

아서

뭔데?

노라

치킨윙.

아서

세상에나.

노라

응.

아서

천잰데.

EXT. 이스트빌리지 거리 – 시간 경과, 낮

노라와 아서, 손을 잡고 길을 걷는다.

아서
무슨 생각해?

노라
해성이 얘기 기억나?

아서
응. 그게 이번 주야?

노라
응.

아서
왜 온댔지?

노라
휴가 오는 거겠지.

INT. 서울, 심야 소주방 – 늦은 밤

이제 30대인 해성은 나이가 더 들고, 더 성숙하고 차분하면서도 확신에 찬 모습이 더 매력 있어졌다.

웃음도, 참을성도 늘었다.

20년 지기 친구들과 꾸준히 만나고 있는 해성. 다들 조금씩 취했다.

친구 #2

[뉴욕은 왜 가냐?]

해성

[휴가. 쉬고, 즐기고, 놀고…….]

친구 #2

[야, 너 설마 그 여자애 보러 가는 거 아니지?]

해성

[누구?]

친구 #2

[뭘 모르는 척 해…… 니 첫사랑. 걔 거기 산다며?
여친이랑 헤어졌으니까 걔 만나러 가냐?]

해성

[내가 미쳤냐? 걘 결혼했어.]

친구 #1

[진짜?]

해성

[응. 한 칠 년 됐을걸?]

친구 #2

[빨리 결혼했네.]

친구 #3

[아…… 불쌍한 놈.]

해성

[뭐가?]

친구 #3

[너 가있는 내내 비가 온대.]

해성에게 다음 주 일기예보를 보여 주는 친구 #3. 계속 비 예보다.

해성을 보며 웃는 친구들. 덕분에 해성, 기분이 상한다.

EXT. 뉴욕 – 해성이 도착한 시각

비가 엄청 내린다.

가장 축축하고 슬픈 모습으로 해성을 맞이하는 뉴욕.

INT. 뉴욕, 미드타운 호텔 로비 – 낮

카메라, 호텔 내부에서 창문을 통해 밖을 비춘다.

해성이 탄 옐로 캡 택시가 호텔 앞에 도착한다. 택시에서 내려

짐가방을 꺼내는 해성.

안쓰러운 광경이지만 뉴요커들은 이 관광객을 전혀 따뜻하게 맞이해 주지 않는다. 해성, 사람들에게 계속 부딪히는 바람에 짐가방을 끌고 호텔로 들어가기가 버겁다.

드디어 회전문을 지나 가방을 들고 로비로 겨우 들어서는 해성. 비 맞은 생쥐처럼 홀딱 젖었다. 프론트 데스크로 향하는 발걸음마다 물에 젖은 신발에서 끽끽 소리가 난다.

INT. 미드타운 호텔, 해성의 객실 – 잠시 후

방의 커튼을 여는 해성. 비가 계속해서 끝도 없이 내린다.

EXT. 미드타운 호텔, 정문 차양 – 같은 날 시간 경과

담뱃불을 붙이려 애쓰며 끝도 없이 떨어지는 물줄기를 바라보는 해성.

다른 사람들은 호텔을 나서 이 거지 같은 날씨에도 용감하게 외출을 감행한다. 모두 'I < 3 NY'이라고 쓰인 관광객용 우산을 쓴 채.

드디어 담뱃불을 붙이는 해성.

INT. 미드타운 호텔, 로비 – 저녁

그날 관광을 포기한 해성이 로비에 앉아 뉴욕 지역 뉴스를 틀어주는 TV를 보다, 휴대폰을 보고, 술도 마시고 음식도 먹는다.

정말 보기 안쓰럽다. 비가 계속해서 퍼붓는다.

EXT. 뉴욕 도시 경관 – 저녁부터 밤까지

그러다 기적처럼, 비가 멈춘다.

EXT. 매디슨 스퀘어 파크 – 다음날, 해 뜰 무렵

가장 조용하고 사람 없을 때의 매디슨 스퀘어 파크.

비 온 다음날의 아침이라 특별히 더 아름답다.

리플렉팅 풀 위의 수련을 잠시 비추는 카메라.

해성이 매디슨 스퀘어 파크의 리플렉팅 풀 주위를 돌며 누군가를 기다린다.

별 관심 없는 사람 눈에 해성은 너무나도 평범한 관광객일 뿐이지만 우린 그가 흥분하고 긴장했단 걸 알 수 있다. 거의 불안한 지경이다.

자신이 만나러 온 상대를 찾아 공원 주위를 맴도는 그의 시선.

꽉 찬 1분이 지난다. 아주 길게 느껴질 게다. 고통스러울 정도로.

그러다 군중 속에서 노라가 나타난다.

해성을 찾으며 주위를 둘러보는 노라. 해성을 발견하고는 소리친다:

노라
[해성!]

해성, 노라 쪽으로 몸을 돌리고, 20년 만에 처음으로 서로를 마주 보는 두 사람.

충격으로 잠시 그대로 바라보기만 한다. 꼭 귀신이라도 본 것 같다.

잠시, 어린 시절 미술관에서 해성에게 미소 짓던 나영이 보이다가 눈 깜짝할 새 사라진다.

해성을 보며 깨닫는 노라, 맙소사, 쟤 날 보러 왔어.

노라를 보며 깨닫는 해성, *맙소사, 나 쟬 보러 왔네.*

하지만 그 모든 생각을 압도하는 감정은 바로, *우와, 다시 만나니 너무 좋다!*

노라
[와, 너다.]

말문이 막힌 해성. 얼굴이 하얗게 질렸다.

무슨 말을 해야 할지 모르겠는 노라가 손을 뻗어 해성을 <u>포옹한다</u>─서양 사람 다 된 연극인답게.

노라보다는 좀 더 주저하지만 결국 해성도 노라를 안는다.

몸을 떼고 서로의 얼굴을 놀라운 듯 바라보는 두 사람.
웃음이 터진다.

계속 웃음만 나오다가 마침내 멈추고 서로를 향해 미소 짓는 둘.

침묵.

둘 다 말문이 막혔다.

해성

(고통스럽지만 미소 지으며)

[아, 어떡하지?]

앞서 나왔던 아서가 알고 쓰는 한국어 문장과 같지만 해성의 입에서 나오니 완전 다르게 들린다.
좀 더 복합적이면서도 편안한 느낌.

더 잘 어울린다.

킥킥대며 다시 해성을 안아 주는 노라.

해성

[뭐라고 말해야지?]

노라

[모르겠어.]

해성

[마지막으로 얘기한 게 십이 년 전이었나?]

고개를 끄덕이는 노라.

사이. 어색하다. 두 사람 계속 미소만 짓는다.

노라

[오늘 날씨가 좋아서 다행이다.]

해성
[그러게.]

사이.

노라
[갈까?]

해성
[그래.]

나란히 걷기 시작하는 두 사람. 마야 린의 '고스트 포레스트
(Ghost Forest)' 쪽으로 걸어간다.

사이.

해성
[와.]

노라
[와.]

해성
[와.]

노라
[와.]

해성

[와.]

노라

[와.]

끊임없이 "와"란 말과 웃음만 무한 반복하는 둘.

INT. 매디슨 스퀘어 파크 지하철 역 – 잠시 후

계단을 내려가 잠시 열차가 오기를 기다리는 두 사람.

열차가 도착하고 두 사람, 열차에 탄다. 열차가 출발한다.

INT. R 노선 지하철 – 계속

앉을 자리가 없어, 해성과 노라는 같은 기둥을 잡고 서 있다. 그러나 아주 가까이 서 있진 않고 손도 서로 닿지 않은 상태.

안내 방송으로 알아듣기 힘든 목소리가 흘러나온다. 대충 알아듣는 노라.

어색하지만 다정한 미소를 서로에게 지어 보이는 둘.

EXT. 브루클린 브리지 파크 – 늦은 오후

덤보 피어에 도착한 해성과 노라, 제인스 캐러셀 회전목마 쪽으로 걸어간다.

노라, 깊은 생각에 빠진 듯.

노라
[내가 결혼하기 전에, 남편이랑 한국 갔었잖아.]

노라가 해성 앞에서 남편 이야기를 꺼내는 건 처음이다. 살짝 움찔하는 해성.

해성
[알아.]

노라
[이메일 했는데, 대답을 안 하더라.]

해성
[응.]

노라
[보고 싶었는데. 섭섭했어.]

해성
[미안해.]

그 말을 곱씹는 노라.

해성, 노라의 눈을 피한다.

노라

[여자친구도 만나 보고 싶었는데. 둘이 잘 지내?]

해성

[잠깐 안 만나는 중이야.]

노라

[헤어졌어?]

해성

[아니, 그런 건 아니고. 생각할 시간이 좀 필요해서.
결혼 얘기가 나와서.]

노라

[넌 결혼하기 싫어?]

해성

[모르겠어.]

노라

[사랑하는데, 왜?]

해성

[음…… 좀 복잡해.]

노라

[뭐가 복잡해?]

해성

[조건이 안 맞거든.]

노라

[그건 무슨 뜻이야?]

해성

[우리 집에 내가 외동아들이잖아. 외동아들한테 시집오려면
내가 좀 더 돈도 잘 벌고 잘나야 하는데, 난 너무 평범하거든.]

노라

[너가 평범해?]

해성

[직업도 평범하고, 수입도 평범하고, 다 평범해.
걔는 조금 더 잘난 사람이랑 만나야 돼서.]

노라

[돈을 펑펑 못 벌어서 결혼하기 힘들어?]

해성

[처음엔 그렇게 생각 안 했지만, 나중에는 그랬지.]

잠깐이지만 팍 늙은 기분이 드는 해성과 노라.

사이.

노라

[사진 찍어 줄까?]

해성

[그래.]

해성이 난간에서 포즈를 취하면, 노라가 그의 휴대폰으로 사진을 몇 장 찍는다. 찍은 후에 해성에게 보여 주는 노라.

노라

[멋있게 나왔어.]

둘이 계속 걸어간다.

약혼 사진 촬영에 한창인 브루클린 힙스터 커플. 닭살스럽지만 사랑스러운 갖가지 포즈들을 취한다.

사진작가가 "좋아, 좋아"를 연발하면서 표현을 독려한다.

EXT. 브루클린 브리지 파크, 강가 – 계속

제인스 캐러셀을 지나 강 쪽으로 걸어가는 노라와 해성.

늘 그렇듯 끝내주는 경관이다⋯⋯. 두 개의 역사적인 다리에 액자처럼 둘러싸인 맨해튼의 생생한 광경. 회전목마에 불이 들어온다.

데이트 나온 연인들로 가득한 피어.

사실, 모든 사람이 다 데이트 중이다. 애무를 하거나 같이 셀카를 찍는 등. 뉴욕이란 도시만큼이나 다양한 연인들의 모습.

짝이 없는 사람이라곤 해성밖에 안 보인다. 물론 해성과 노라도 커플처럼 보이지만.

서로에게서 손을 떼지 못하는 사방의 연인들을 무시하려 애쓰며 눈앞의 근사한 풍경만 바라보는 둘.

상대의 생각을 읽으려 애쓰며 바라보는 노라와 해성.

해성
[여기 남편이랑 데이트 자주 나왔어?]

노라
[이스트 빌리지에 이사 가기 전에 여기 근처 살았으니까.
연애를 여기서 다 했지. 싸우기도 하고.]

해성
[싸워?]

노라
[어휴, 장난 아니지.]

웃는 두 사람.

해성

[왜 싸워?]

사이.

노라

[그냥. 나무 두 개를 한 항아리에 심는 거 같은 거야.
뿌리가 서로 자리를 찾아가느라고.]

침묵. 둘 다 강을 바라본다.

해성

[남편은 가족이랑 잘 지내?]

노라

[우리집에서 맨날 화투 쳐.]

해성

(놀라서)

[화투를 쳐?]

노라

(히죽 웃으며)

[그럼.]

해성

[할 줄 알아?!]

노라

[응, 잘해.]

해성

[한국말도 잘해?]

노라

[아니, 근데 몇 마디는 해.]

해성

[오, 그래?]

노라

[육개장을 제일 좋아해.]

해성

[육개장? 장난 아닌데…….]

노라

[장난 아니지.]

해성을 바라보는 노라,

긴장을 풀어 주려 미소 짓는 해성. 노라가 씨익 웃는다.

노라

[너도 여자친구랑 싸워?]

해성

[아니.]

웃는 노라와 해성.

해성

[뭐 지금 여자친구는 아니야.]

사이.

노라

[너 장가 잘 가야지.]

해성

(능글맞게 웃으며)

[걱정해 주는 거야?]

노라

[너같이 이상주의적인 사람은 장가가기 힘들어.]

해성

[야, 걱정하기엔 나 나이 얼마 안 돼.]

미소 짓는 두 사람.

EXT. 제인스 캐러셀 앞 – 시간 경과, 해 질 녘

어느 정도 시간이 흘렀다. 두 사람이 회전목마 앞에 앉아 물소리를 들으며 해가 지는 모습을 바라본다. 둘 다 더는 할 말이 없다.

긴 침묵.

노라, 고개를 돌려 해성을 보면, 해성도 노라를 본다.

노라

[근데 해성아.]

해성

[응?]

노라

[너는 나를 왜 찾았어?]

궁금한 표정으로 노라를 보는 해성. 노라가 고개를 돌려 해성을
보지만 그는 웃지 않고 그저 그녀를 바라볼 뿐이다.

해성

[십이 년 전에?]

노라

[응.]

해성

[그게 그렇게 궁금해?]

노라, 고개를 끄덕인다.

해성

[그냥 한 번 더 보고 싶었어. 잘 모르겠어.
왠지 니가 날 두고 콱! 가 버려서, 좀 열받았던 것 같아.]

노라

[미안.]

해성

[뭐가 미안해?]

노라

[그치. 미안할 건 없지.]

해성

[너가 내 인생에서 사라졌는데 내가 널 콱! 다시 찾았지.]

노라

[왜 그랬어?]

해성

[그냥.]

사이.

해성

[몰라. 그냥 군대에서 니 생각이 나더라고.]

노라

[그랬구나.]

정적.

노라

[우리 그때 진짜 애기들이었잖아.]

해성

[맞아. 그리고 십이 년 전에 다시 만났을 때도
애기들이었지…….]

노라

[이제는 애기가 아니지.]

해성

[그치.]

침묵.

다시 한번 할 말을 잃고, 석양을 바라보는 두 사람.

INT. 노라와 아서의 아파트 – 밤

귀가하는 노라.

엑스박스 원으로 '오버워치' 게임을 하고 있는 아서. 그가 선택
한 건 젠야타란 승려 로봇으로 치유의 능력을 가졌고, 적에게
타격을 입히며, 우주의 균형에 대해 설법하는 캐릭터다.

노라

나 왔어.

아서

어서 와.

노라, 소파에 앉아 아서가 게임을 끝내기를 기다린다.

아서

어땠어?

노라

네 말이 맞았어.

아서

그래?

노라

응. 날 보러 온 거야.

아서의 게임이 끝난다.

아서의 팀이 패배했다. 최종 점수와 함께 "패배"가 대문자로 TV 화면에 뜬다.

INT. 미드타운 호텔 - 밤

텅 빈 호텔 방으로 돌아온 해성. 뉴욕 특유의 숨 막힐 듯 좁은 호텔 방이다.

해성, 신발을 벗고 침대에 앉는다.

창밖의 도시 풍광을 바라보는 해성.

정적. 해성이 갑자기 끔찍하게 외로워 보인다.

INT. 노라와 아서의 아파트, 욕실 - 늦은 밤

막 샤워를 마치고, 잘 준비를 하는 노라와 아서. 노라가 얼굴에 화장품을 바르며 말한다.

> **노라**
> 어른 돼서 보니까 신기하더라. 평범한 직업에 평범하게 사는데 진짜 한국인다워. 아직 부모님이랑 산대. 그것도 한국인답고. 생각들이 전부 한국인다워. 걔랑 있으면 난 한국인 같지가 않아. 근데 어떤 면에선 더 한국인 같고. 진짜 묘해. 나도 한국인 친구들 있지만, 걔는 한국계 미국인 아니잖아. 찐 한국인이지.

> **아서**
> 매력적이야?

질문의 의도를 이해하려 애쓰며 남편을 바라보는 노라. 약간의
질투는 섞여 있지만 진심으로 궁금해서 한 질문이라는 걸 느낀
다.

노라, 솔직하게 대답하기로 한다:

노라

그런 거 같아. 한국 남자답게 *되게* 남성적이야.

사이.

아서

그래서 끌려?

사이.

노라

그건 아니야. 아닌 거 같아.

사이.

노라

(최대한 솔직하게)

오랫동안 기억 속에 있던 아이고, 컴퓨터 화면의 이미지로만

있었는데, 이젠 *실물이잖아*. 강렬한 감정이긴 한데, 끌리는 건

아니야. 많이 보고 싶었던 거지. 서울이 그리웠나 봐.

아서

그 친구도 네가 그리웠대?

사이.

노라

오래 전에 알던 열두 살짜리 울보를 그리워한 거 같아.

아서

울보였어?

노라

응, 내가 울 때마다 걔가 지켜봐 줬어.

이 말에 상처받은 듯 보이는 아서.

잠시 긴장감이 감돌고……

아서

언제 떠난다고?

노라

모레 아침.

아서

음.

INT. 노라와 아서의 아파트, 침실 — 잠시 후

노라와 아서, 계속해서 잘 준비를 한다.

잠시

노라

화났어?

아서

(그렇다)

아니.

노라

그런 거 같은데.

아서

화낼 자격이 없지.

노라

아니, 자격은 충분하지.

아서

넘 보려고 열세 시간을 날아왔잖아. 만나지 말라고 할 순
없는 거야. 어린 시절 사랑이니까. 둘이 도망칠 것도 아니고.

노라, 웃는다.

아서

(반쯤 진지하게)

아니야?

노라

(진지한 표정, 웃겨 죽겠지만)

가야지. 여기 삶은 내팽개치고 둘이 서울로 도망칠 거야.

아서, 이 얘기가 별로 재미없다.

노라

날 그렇게 몰라? 남자 때문에 리허설을 빠지진 않아.

아서

알지.

사이.

아서

난 널 알아.

진심이다.

INT. 미드타운 호텔, 해성의 방 – 같은 시각

샤워를 끝내고 침대에 들어가는 해성.

방 불을 끈다. 칠흑같이 어두운 실내.

INT. 노라와 아서의 아파트, 침실 – 늦은 밤

아서와 노라, 불 꺼진 방 안 침대에 누워 있다. 서로를 가볍게 애무하는 둘. 결혼한 부부가 하는 다정한 터치다.

깜깜한 실내.

갑자기 아서가 웃음을 터뜨린다.

> **노라**
> 왜?

> **아서**
> 참 괜찮은 이야기다 싶어서.

사이.

> **노라**
> 나랑 해성이 이야기?

> **아서**
> 도저히 당할 수가 없네.

> **노라**
> 무슨 뜻이야?

아서

어린 시절 인연이 이십 년 후 재회해서 운명의 연인임을
깨닫는다.

노라

운명의 연인 아니야.

아서

알아. 그 이야기에서 난 운명을 가로막는 사악한 백인 남편이고.

노라

(웃으며)

됐네요!

아서

우리 이야기는 좀 재미없잖아. 예술인 레지던시에서 만났고,
마침 피차 싱글이라 같이 자게 됐고, 둘 다 뉴욕 살아서
돈 아끼려고 동거했고, 네 영주권 때문에 결혼했으니까—

노라

참 낭만적으로도 말한다.

아서

내 말이 그 말이야. 난 과거의 애인에게 널 뺏기는 캐릭터지.

노라

(다정하게)

걘 내 전 애인 아냐.

사이.

아서

네가 레지던시에서 다른 사람 만났다면? 그 사람도
뉴욕에서 온 작가고 너랑 책 취향도 비슷하고
영화 취향도 비슷하고 네 연극에 조언도 해 주고
리허설이 어쩐다느니 불평도 들어주는 사람.

노라

의미 없는 가정이야.

아서

알아. 그래도 여기 그 남자랑 누워 있지 않을까?

노라

이게 내 삶이고 너랑 함께하고 있어.

아서

그 삶에 만족해? 서울을 떠날 때 상상했던 삶이야?

노라

나 열두 살 때 말야?

아서

응, 이게 그리던 모습이야? 이스트 빌리지의 작은 아파트에
유대인 작가랑 누워 있는 모습. 네 부모님이 원하던 모습일까?

노라

그러니까 지금 아서 자투란스키가 우리 가족이 꿈꾸던
이민의 답이냐는 얘기야?

아서

뭐, 그런 말이지.

노라

와우.

아서

그래, 알아.

노라

여기가 내 종착지고 내가 있어야 할 곳이야.

아서

그렇구나…….

노라, 아서가 그녀의 답에 만족하지 못하는 게 느껴진다.

노라

왜?

아서가 적당한 단어를 찾는 동안 이어지는 긴 정적.

아서

너는 내 삶을 훨씬 크게 만들어 주는데
나도 너한테 그런지 궁금해서.

노라

너도 그래…….

사이.

노라

난 그냥 한국에서 온 여자애잖아.

킥킥대는 아서.

아서

그래.

노라

내가 널 사랑한다는 걸 잊고 계신가 보다.

아서

안 잊었어. 가끔 믿기지가 않아서 그러지.

침묵.

아서

너 잠꼬대는 한국어로만 하는 거 알아?

노라

내가?

아서

응. 영어론 잠꼬대 안 해. 꿈을 한국어로만 꾸나 봐.

노라

몰랐네. 말한 적 없잖아.

사이.

아서

보통은 귀엽다고 하고 마니까. 근데 가끔은…… 그게 좀 겁나.

노라

뭐가 겁나?

아서

내가 이해 못하는 말로 꿈꾸는 거.
마음속에 내가 못 가는 장소가 있는 거잖아.

아서, 노라 쪽으로 몸을 돌려 그녀를 바라본다. 자신의 공포와
외로움을 숨기려 살짝 미소를 지어 본다.

노라, 팔을 뻗어 아서의 손을 잡는다.

아서

그래서 내가 한국어를 배우려는 건가 봐.
그거 때문에 당신이 짜증 내는 거 알면서도.

노라

내 꿈속에서 뭐라는지 궁금해?

아서

응.

사이.

노라

그냥 헛소리일걸.

노라를 자신 쪽으로 당기는 아서. 노라, 아서의 품으로 파고든
다.

EXT. 브루클린 브리지 파크 – 늦은 밤

늦은 밤의 덤보 피어는 아까와는 또 다르게 끝내주게 아름답다.
맨해튼이 환하게 빛나는, 세상에서 가장 로맨틱한 장소다.

해성과 노라가 자리를 떴을 때만큼 붐비지는 않지만 밤늦게까
지 애정 행각에 여념 없는 연인들이 여전히 있다.

EXT. 페리 탑승 줄/보안 검색대 – 낮

자유의 여신상이 있는 손바닥만 한 섬으로 향하는 페리 탑승 줄
에 서 노라를 기다리는 해성. 관광객들로 북적이는 긴 줄.

다가오는 노라를 발견하고 표정이 환해지는 해성. 노라도 그를
보고 미소 짓는다.

상황을 모르는 사람이 보면 데이트하러 만난 연인들 같다.

노라

[안녕!]

해성

[안녕. 어제 잘 들어갔어?]

노라

[응. 늦어서 미안.]

해성

[뭐 먹었어?]

노라

[아니.]

가방을 열어 아침 식사용 베이글을 꺼내는 해성.

해성

[이거 먹어.]

노라

[내 거야?]

해성, 고개를 끄덕이며 노라에게 베이글을 건넨다.

노라, 베이글을 베어 문다. 배가 고파 죽을 지경이었다.

노라가 먹는 것을 잠시 지켜보다가, 눈이 마주치자 시선을 돌리는 해성.

두 사람, 아무 말없이 줄을 서 기다린다.

해성

[어제 물어보고 싶었는데…… 너는 요즘 무슨 상 타고 싶어?]

노라

[응?]

해성

[너 어릴때는 노벨상 타고 싶다고 했고, 십이 년 전에는
퓰리처 타고 싶다고 했잖아. 이제는 뭘 타고 싶어?]

약간 당황한 표정으로 해성을 바라보는 노라.

노라

[요즘 그런 생각은 안 해 봤어.]

은은한 눈빛으로 노라를 바라보며,

해성

[그래? 그럼 지금 잠깐 생각해 봐. 뭔가 타고 싶은 상이 있겠지.]

노라, 좀 바보 같지만 해성의 말에 용기를 얻어 잠시지만 정말
진지하게 생각한다.

노라

[토니상.]

웃음이 터지는 해성. 노라도 미소 짓는다.

해성

[넌 정말 기억 그대로야.]

노라

(킥킥대며)

[아직도 또라이?]

해성

(킥킥대며)

[아직도 또라이.]

EXT. 페리 – 잠시 후

페리에 오르는 두 사람.

층계를 올라 제일 위층 갑판으로 가 난간에 기대 조용히 강물을
바라본다.

미치도록 로맨틱한 분위기.

노라, 해성과 눈을 마주치지 못한다.

하지만 해성은 대놓고 노라를 바라본다. 결혼한 쪽은 해성이 아
니니까.

EXT. 페리 – 잠시 후

난간에 기대 보석처럼 빛나는 아름다운 맨해튼과 여신상 정면을 보는 두 사람.

잠시 조용히 바라본다.

노라
[사진 찍어 줄까?]

노라, 해성의 휴대폰을 가져가 해성의 사진을 찍어 준다.

맨해튼을 배경으로 한 장.

우뚝 솟은 자유의 여신상을 배경으로 한 장.

친절한 가족 관광객이 둘의 사진을 찍어 주겠다고 제안하지만, 예의 바르게 거절하는 노라와 해성. 덕분에 어리둥절해하는 가족 관광객.

EXT. 페리, 자유의 여신상 뒷면 – 잠시 후

페리에서 자유의 여신상 뒷면을 바라보는 두 사람. 자신들을 향해 등을 돌린 여신상을 올려다본다.

해성

[뒤돌아 있네.]

EXT. 맨해튼으로 돌아오는 페리 – 오후

맨해튼으로 돌아오는 페리에 나란히 앉은 두 사람. 노라, 결혼 사진을 해성에게 보여 주고 있다.

사진 속에선 신부용 개량 한복(화려한 색감의 전통 한국 의상)을 입은 노라가 검은 양복에 나비넥타이를 한 아서와 함께 활짝 웃고 있다. 정말 행복해 보이는 둘.

사진들을 쭉 구경하는 해성.

해성

[너 어려 보인다.]

노라

[그린 카드 때문에 좀 예정보다 일찍 했지.]

사이. 해성이 지금보다 어린 노라의 사진에서 시선을 거둬 실제로 자기 옆에 앉아 있는 노라를 바라본다. 깊이 생각에 빠진 해성.

도심에 접근하는 페리.

갑자기 거대한 도시가 노라와 해성 위로 다가온다.

EXT. 이스트빌리지 거리 – 시간 경과, 저녁

한동안 아무 말없이 걷는 해성과 노라.

해성

[나 가는 거 알아?]

노라

[그럼.]

해성

[내가 누군진 알고?]

노라

[그럼! 만나고 싶어 해.]

계속 걸어 노라와 아서가 사는 이스트 10번가와 1번가를 향해 가는 두 사람.

INT. 노라와 아서의 아파트 – 밤

지금까지보다 더 깨끗해진 아파트. 아서가 오후 시간을 할애해 청소한 덕분이다. 소파에 앉아 전화를 보며 노라와 해성이 오기를 살짝 초조하게 기다리는 아서.

현관문이 열리는 소리가 나자 소파에서 일어선다.

노라와 해성이 들어온다.

노라
[들어와.]

들어오는 해성. 자연스럽게 문 옆에서 신발을 벗는다.

잠시 흐르는 긴장감.

자신의 아내와 그녀의 어린 시절 첫사랑의 모습을 보는 아서.

둘이 너무 잘 어울리는 모습에 놀란다―그렇다. 둘은 피부색도 같고, 더 중요하게는 같은 곳에서 태어나 일정 시간 함께 자랐으니까. 그런 면에서 둘의 영혼이 연결되었다고 볼 수 있다.

그러자 갑자기, 모든 것이 이해된다. 해성은 자신이 사랑하는 여자의 또 다른 생에서 중요한 사람이다. 간단하게 바로 그거다.

해성에게 따스하게 미소 짓는 아서.

아서
[안녕하세요, 만나서 반가워요.]

해성

만나서 반가워요, 아서.

아서를 보지만 어떻게 해야 할지 모르겠는 해성. 생각지 못한 아서의 진중함과 매력에 놀란 상태. 이제서야 노라가 이 백인 미국인과 결혼했다는 것이 실감 난다.

해성도 아서를 보며 미소 짓는다.

해성

(노라에게)

[한국말 잘하시네.]

아서

(해성에게)

[아니에요…….]

어색하게 웃는 아서와 해성.

해성

(노라에게)

[한국말 잘하네.]

아서

(해성에게)

[아니에요…….]

노라는, 서양 사람들이 거의 그렇듯 집 안에서 신발을 신는 문
화에서 자란 아서와 문간에서 신발을 벗는 것에 대해 열띤 논쟁
을 벌였기에 해성의 행동이 유독 눈에 띈다.

아서

[배고파요?]

아서의 형편없는 한국어를 못 알아듣는 해성. 아서, 통역하란
뜻으로 노라 쪽을 향하고.

노라

[배고파?]

해성

아! 네.

아서

[뭐 먹고 싶어요?]

해성

어…… 파스타!

아서

파스타 좋아해요?

해성

네!

EXT. 이스트빌리지 거리 – 밤

해성, 노라, 아서가 북적이는 이스트빌리지 거리를 걷고 있다.
근사한 식당들을 살피는 여피들과 톰킨스 스퀘어 파크에서 쏟
아져 나온 방황하는 영혼들로 가득한 거리.

아서

오늘 둘이서 뭐 했어요?

해성

음…….

팔을 들어 자유의 여신상 흉내를 내는 해성.

노라

자유의 여신상.

아서

페리 탔어?

노라

응.

해성

좋았어요.

아서

한 번도 안 가 봤어요.

해성

뭐라고요?!

노라

진짜?!

아서

응. 한 번도 안 가 봤어.

해성

(노라에게, 나무라듯)

[야, 남편이랑도 가 봐야지!]

노라

(미안한 마음)

정말 같이 간 적 없어?

아서

(웃으며)

없어.

목적지 레스토랑 앞에 도착하는 세 사람.

EXT. 이스트빌리지 레스토랑 – 잠시 후

이스트빌리지의 레스토랑 창문으로 식탁에 앉아 맛이 기가 막힌 파스타를 먹는 세 사람을 비추는 카메라.

시끄러운 손님들로 붐비는 식당. 사람들의 소음 때문에 셋의 대화 내용이 들리진 않지만 웃음과 미소가 끊이질 않는다.

딱 보기에도 세 사람의 사이가 좋아 보인다. 노라가 가운데 앉아 통역을 한다.

INT. 이스트빌리지의 스피크이지 바 – 늦은 밤

이스트빌리지의 스피크이지 바 부스에 앉아 있는 세 사람. 술집 자체도 귀엽고 술도 맛있다. 영화의 첫 장면에 나온 그곳이다.

바 반대편에 시시덕거리는 귀여운 젊은 백인 커플을 발견한 노라. 영화 첫 장면에서 노라, 해성과 아서를 관찰하고 있던 그 커플이다.

셋 다 다른 칵테일을 마시고 있다.

이미 몇 잔 비운 상태.

해성

스물네 살 때…….

단어를 생각하는 해성.

노라

[군대?]

해성

맞아!

노라

군대.

아서

그렇지.

노라

한국 남자들은 군대 가는 거 의무인 거 알지?

아서

당연히 알지! 아버님이 말씀하셨잖아. 좋았어요?

노라

[어땠어? 좋았어?]

단어를 생각하는 해성.

해성

······아뇨.

셋 다 웃는다.

단어를 생각하는 해성.

해성

군대랑 일은…… 같아요.

아서

같다고요?

해성

네.

노라

[같아? 어떻게?]

단어를 생각하는 해성.

해성

보스가 있죠.

세 사람, 웃는다.

해성

[여긴 오버 페이 뭐 그런 거 있지?]

노라

[그치.]

해성

[한국은 야근은 매일 하지만 그런 거 없어.]

노라

(아서에게)

한국엔 초과 근무 수당이 없대.

(해성에게)

[진짜?]

해성

[응. 윗사람 일을 대신 먼저 다 하고 난 다음에,

내가 해야 하는 일 다 하고 그 다음에야 퇴근할 수 있어.]

노라

[밤늦게?]

해성

[응.]

노라

[빡세네.]

해성

[응.]

(아서에게)

엄청 힘들어요.

아서

육체적으로, 아니면 정신적으로?

노라

[몸적으로, 아니면 정신적으로?]

해성

둘 다요. 육체, 음, 아주 힘들고 그리고……

노라

정신적으로는?

해성

정신, 난 강해요.

노라

[정신적으로는 강하다고?]

해성

[응, 맞아.]

어색한 침묵.

해성과 아서, 잠시 서로를 바라본다. 서로의 표정을 읽을 수 없는 두 사람. 여전히 서로에게 미스터리한 존재다.

잠시. 해성이 술잔을 비운다.

노라를 보며 미소 짓는 해성.

해성

[이민 잘 갔어.]

노라

[응, 나도 그렇게 생각해.]

해성

[한국은 너한테 너무 작은 나라야.

니 욕심을 채워 주기엔 부족해.]

부드럽게 웃는 해성과 노라.

둘이 한국어로 말하는 동안 대화에서 소외되자 핸드폰을 꺼내
들여다보는 아서. 페이스북, 트위터 등등.

해성

[남편 소개시켜 줘서 고마워.]

노라

[당연하지.]

해성

[정말로 널 사랑하는 거 같아.]

노라

[응.]

해성

[행복해?]

노라

[그럼.]

술을 벌컥 들이키는 해성.

살짝 취기가 오르자 고통스러울 정도로 솔직해진다:

해성
[니 남편이 좋은 게 이렇게 아플지 몰랐어.]

잠시 아득한 침묵. 모든 것이 멈추고, 마치 마법 주문처럼 둘 사이에 뭔가 열린다.

해성을 응시하는 노라.

눈을 들어 그녀를 마주 보는 해성.

잠시.

이게 바로 영화 시작 장면이었다. 하지만 지금은 부스에 앉은 세 사람의 시점으로 보여진다.

노라, 해성의 솔직함에 놀라 계속 해성을 응시한다.

노라
[그래?]

해성
[응.]

참을 수 없는 정적.

계속 휴대폰을 스크롤 중인 아서.

해성

[우리가 얘기를 그만하기로 한 일 년 동안……
난 무지 보고 싶었거든. 나 보고 싶었어?]

노라

[그럼.]

해성

(날카롭게)

[신랑을 만났잖아.]

노라

(방어적으로)

[너도 여자친구 생겼잖아.]

잠시 긴장감이 흐른다. 아서와 한 테이블에 앉아 있으면서 둘이
정말 서로를 질투하는 걸까?

해성

(진심으로)

[미안.]

노라

[괜찮아.]

사이.

해성

[왠지 널 만나고 여기도 오고 그러니까 이상한 생각이 많아지네.]

노라

[무슨 생각?]

해성

[십이 년 만에 찾은 첫사랑이었는데 놔주지 말걸, 그런 생각.]

노라, 그 말에 무어라 대답해야 할지 모르겠다.

해성은 그녀를 다시 볼 수 있을지 알 수 없기에 마음속에 있는
모든 말을 다 쏟아내며 둘 사이의 공간을 메운다.

해성

[십이 년 전 그때 내가 만약 뉴욕에 왔다면, 어땠을까?
만약 니가 서울로 올 수 있었다면. 만약에 니가 한국을
떠나지 않았다면? 너가 그렇게 떠나지 않고
우리가 같이 자랐더라도 나 널 찾았을까? 우리 사귀었을까?
헤어졌을까? 부부가 됐을까? 우리 아이들을 가졌을까?
그런 생각들.]

해성, 노라를 본다.

해성

[근데 이번에 와서 확인한 사실은, 넌 너기 때문에,
떠나가야 했어. 그리고 내가 널 좋아하는 이유는,

니가 너이기 때문이야. 그리고 넌 누구냐면, 떠나는 사람인 거야.]

침묵.

이때 진심을 담아, 최대한 솔직하게 말하기 시작하는 노라.

노라
[너가 기억하는 나영이는 여기 존재하지 않아.]

고개를 끄덕이는 해성.

해성
[알아.]

진심을 가득 담아 이야기하는 노라.

노라
[근데 그 어린애는 존재했어. 너의 앞에 앉아 있지는 않지만,
그렇다고 없는 건 아냐.]

사이.

노라
[이십 년 전에, 난 그 애를 너와 함께 두고 온 거야.]

해성
[알아. 그리고 난 그때 겨우 열두 살이었지만,

그 애를 사랑했었어.]

한마디 한마디 다 진심이다.

서로의 눈을 깊이 응시하는 두 사람.

노라
[또라이네.]

웃는 두 사람.

노라
[내 생각에는 우리 전생에 뭔가 있었어. 아니면 왜 우리가
지금 여기 있겠어? 근데, 우린 이번 생에는, 서로에게
그런 사람이 될 인연은 아닌 거야. 왜냐면, 우리가 거의
이십 년 만에 처음으로 같은 도시에 있는데…….]

해성
[여기 니 신랑이랑 함께 앉아 있지.]

고개를 끄덕이는 노라.

해성
[이번 생에서는, 아서랑 너랑 그런 인연인 거지.
팔천겁의 인연이 모인 사람인 거야. 아서에게 너는,
곁에 남는 사람인 거야.]

자기가 말하면서도 가슴이 찢어지는 해성. 하지만 활짝 미소를
지어 보인다.

노라도 미소 짓고.

자기 이름이 들리자 전화기에서 눈을 떼 두 사람을 보는 아서.

노라
당신 얘기 중이야.

아서
음.

다시 휴대폰을 보는 아서.

침묵.

조금은 짓궂게 웃는 해성.

해성
[전생에 우린 누구였을까?]

노라도 히죽 웃고.

노라
[글쎄.]

해성

[뭔가…… 불가능한 관계, 왕비랑 왕의 부하, 뭐 그런 거 아니야?]

노라

[아니면 정략 결혼 때문에 사는데, 서로한테 나쁘게 군 거지……]

해성

[막 서로 바람피고……]

노라

[상처 주는 말을 하고.]

해성

[아니면 어딘가를 가는 기차에 같이 앉아 있었던 거야.]

노라

[왜?]

해성

[그냥 티켓이 옆자리여서.]

킥킥대는 노라와 해성.

노라

[그냥 어떤 아침에 나뭇가지에 앉은 새랑 그 나뭇가지의
관계였을 수도 있는 거지.]

TIME CUT TO:

노라가 화장실을 가고 해성과 아서만 남았다. 아서, 전화기에서
눈을 완전히 뗀 건 아니지만 해성을 본다.

해성

우리끼리만 말해서 미안해요. 그만할게요.

아주 복잡한 표정으로 해성을 보는 아서.

아서

괜찮아요. 둘이 못 본 지 오래됐잖아요.

사이. 아서, 웃으며,

아서

내가 이런 관계에 처할 줄은 몰랐는데.

살짝 혼란스러워 보이는 해성의 표정.

아서

여기 이렇게 당신과 같이 앉아 있는 거 말이에요.

해성, 이제야 이해가 간다. 미소 지으며,

해성

혹시 인연…… 이라는 말 알아요?

아서

네, 노라가 우리 처음 만났을 때 얘기해 줬어요.

사이.

해성

당신과 나.

고개를 끄덕이는 아서.

아서

맞아요, 우리 둘도 인연인 거죠.

사이.

아서

미국에 오셔서 정말 기뻐요. 잘하신 거예요.

감정이 격해지는 해성. 노라에게는 숨겼던 자신의 감정을 노라의 남편(아마도 그걸 보아서는 안 될 유일한 사람) 앞에서 숨기질 못한다.

소리도 거의 안 나고 아주 미세하지만, 해성 눈에 눈물이 차오른다.

이걸 보며 무슨 말을 할지 어떻게 행동해야 할지 모르겠는 아서. 고개를 돌리고 못 본 척할 뿐. 친절에서 나온 행동이다.

INT. 노라와 아서의 아파트 – 계속

가방을 챙기는 해성.

> **노라**
> (아서에게)
> 우버 타는 데까지 데려다주고 올게.

> **아서**
> 그래.

문으로 향하는 두 사람.

> **해성**
> 만나서 반가웠어요.

> **아서**
> 나도 반가웠어요.

> **해성**
> 한국에 놀러 오세요.

> **아서**
> (확신에 차)
> 꼭 갈게요.

서로 바라보는 노라와 아서.

노라

(부드럽게)

다녀올게.

아서

알았어.

노라와 해성이 나가고, 문이 닫힌다.

카메라, 노라와 함께 사는 집에 혼자 남은 아서의 모습을 잠시 비춘다.

EXT. 이스트빌리지 거리 – 아주 늦은 밤 (거의 새벽)

조용히 거리를 걷는 노라와 해성.

해성의 우버가 도착하기로 한 곳으로 걸어간다. 노라와 아서의 아파트는 보이지 않는다.

노라

[금방 오나?]

해성

(우버 도착 예정 시간을 확인하며)

[응, 이 분.]

사이.

두 사람 사이에 내려앉는 무거운 침묵. 거리엔 두 사람뿐이다.

침묵의 2분이 실제로 이어진다. 고통스럽고, 긴…… 진짜 2분.

우버가 도착한다.

서로 포옹하며 작별 인사를 하는 두 사람.

마치 뭐에 홀린 듯, 우버를 향해 걸어가는 해성. 차 문을 열지만 타지 않는다.

해성, 몸을 돌려 노라를 바라본다.

움직이지 않고 있다가,

불쑥:

해성
[야!]

마치 이 소리가 마법 주문이라도 되는 듯, 두 사람이 존재하는 공간을 완전히 바꿔 놓는다. 시간을 거슬러 아주 먼, 잃어버린 과거로 둘을 데려간다.

잠시, 매트릭스에 균열이 생기고, 포털을 통해 살짝 보이는 신기루……

……아니면 아주 먼 잃어버린 과거가 현재, 새벽 5시의 이스트 빌리지로 이동한 것일지도.

30대의 해성에게 작별 인사를 하는 30대 노라의 시점이 열두 살의 해성에게 작별 인사를 하는 열두 살 나영의 시점으로 바뀐다.

꺼지기 직전 형광등 불빛처럼 깜빡이는 추억:

EXT. 나영이네 동네, 평촌 – 90년대 후반, 거의 새벽

둘이 함께 자란 고향, 둘 다 열두 살이던 그때로 돌아갔다.

나영이 어릴 때 살던 아파트 건물 앞에서 열두 살의 나영과 해성이 잠시 서로를 바라본다.

둘이 처음 작별 인사를 나눌 때와 완전히 똑같다.

하지만 한참 전 한국에선, 방과 후 오후에 작별 인사를 했지만, 지금은 불가사의하게도 부드러운 늦은 밤 불빛 아래 서 있다.

마치 이 아이들이 바로 이 장소에서 24년을 기다렸고, 이제서야 진정으로 작별 인사를 할 수 있게 된 것 같다.

EXT. 이스트빌리지 거리 – 새벽 5시가 다 된 시간

해성
[나영아.]

노라
[응?]

해성
[이것도 전생이라면, 우리의 다음 생에선 벌써 서로에게
다른 인연인 게 아닐까?]

사이.

해성
[그때 우리는 누구일까?]

노라
[모르겠어.]

해성
[나도.]

해성, 미소 짓는다.

해성

[그때 보자.]

우버에 타는 해성.

곧, 우버가 출발하고, 텅 빈 이스트빌리지 거리 한가운데 혼자 남겨진 노라.

노라 클로즈업.

해성이 탄 차가 모퉁이를 돌아간 뒤에도 그곳에 한참을 서 있는 노라. 그녀의 표정을 읽어 내기 어렵다.

오랜 정적.

몸을 돌려 아서가 기다리는 집으로 향하는 노라.

울기 시작한다.

울지 않으려 애쓰지만 걸음마다 울음이 더 격해진다. 관객들이 한국에서 그녀를 처음 봤을 때, 집으로 가며 울던 그 어린 소녀 처럼 우는 노라.

하지만 이번엔 그 모습을 지켜보는 어린 해성이 없고, 혼자 운다.

아파트 건물에 다가가는 노라.

건물 앞에서 아서가 자기만의 세계에 빠져 살짝 초조하게 담배를 피우며 앉아 있다.

노라를 알아보는 아서.

노라도 그를 알아보고, 그에게 다가가 남편 앞에 선다.

아서, 가만히 서서 잠깐 노라를 바라보고 팔을 뻗어 그녀를 안아 준다.

아서의 품 안에서 목놓아 우는 노라.

아서를 안고, 울고 또 운다.

아서 피우던 담배를 끈다.

들려오는 새들의 지저귐. 거의 아침이 다 됐다.

아서에게서 몸을 떼, 그의 손을 잡고 아파트로 이끄는 노라. 아서, 그녀를 따른다. 카메라, 두 사람을 따라가는데, 두 사람이 들어가고 정문이 닫힌다.

아파트 외관에서 잠시 머무는 카메라.

새들의 지저귐과 아침을 여는 도시의 소음만 들릴 뿐 조용한 주위. 뉴욕은 새로운 하루를 시작하려 한다. 이 도시에선 노라와 아서의 아파트처럼 작은 공간에서 수백만의 인생들이 삶을 살아간다.

INT. 우버 – 새벽

홀로 노라에게서 멀어지는 우버 뒷좌석에 앉아 있는 해성. 어린 시절 미술관에서 집으로 돌아올 때 나영이 엄마 차 뒷좌석에 앉아 있던 장면을 떠올리게 한다.

자기만의 작은 공간에서 차창 밖으로 하루를 시작하는 뉴욕의 모습을 바라보는 해성. 우버가 낯선 도시를 가로지르는 가운데 희미하게 미소 짓는다.

자신이 아주 크고도, 또 작게 느껴진다.

끝

장면들

148